iisfee
Gabriela Manser, Sonja Hugentobler

iisfee
Warum die Tautropfen glitzern

Ein Märchen aus dem Gontner Hochmoor

Gabriela Manser, Text
Sonja Hugentobler, Bilder

Appenzeller Verlag

Vor langer Zeit, als die Menschen hier im stillen und abgelegenen Appenzellerland friedlich lebten, da wussten sie noch um die Feenwelt und all die guten Geister, die ihnen helfen, wenn es gut und richtig ist. Den Feen und anderen Wesen war es in diesem Land mit seinen sanft gewellten Hügeln und Tälern, den saftigen Wiesen und grünen Wäldern ebenso wohl wie den Menschen. Sie lebten im Einklang mit der Natur, auch das Träumen und Wünschen kam nicht zu kurz und vieles ging in Erfüllung.

Da geschah es, dass das Appenzellerland und die ganze Ostschweiz von einer Hitzewelle heimgesucht wurden. Der Winter hatte kaum Schnee gebracht, schon im Februar blühten die Frühlingsblumen, Kräuter und der Holunder. Lange vor Ostern konnten die Kühe auf die Weide. Es war so heiss, dass das Gras geschnitten und das Heu eingebracht werden musste. Das Wasser wurde knapp. Im Juni trockneten Brunnen, Weiher und Bäche aus, dann versiegten sogar die guten Quellen, die seit Menschengedenken immer sprudelten. Die Hügel und Wiesen verdorrten. Die Pflanzen in den Gärten und Äckern gingen ein, Mensch und Vieh dürsteten und litten, dann wurde selbst das Jammern und Stöhnen zu viel. Eine Hungersnot brach aus. Es wurde totenstill im Land. Die Menschen waren so mut- und kraftlos, dass sie aufhörten zu träumen und zu wünschen, und selbst die guten Geister schienen ratlos.

In jenen schweren Tagen kamen die Feen zum Mittsommerfest am 21. Juni zusammen. Seit Menschengedenken versammeln sie sich Jahr für Jahr zum Fest im Gontner Hochmoor. Es ist für diese Wesen das beste Örtchen, das sie sich denken können, weil immer kühle und feuchte Stellen zu finden sind, wo sich die zarten Wesen wohl fühlen.
Aber in diesem Jahr herrscht auch dort drückende Hitze. Wenn ein paar Dunsttröpfchen aufsteigen, verdampfen sie gleich wieder. Zur blauen Stunde treffen die Feenkönigin Flickflauder mit ihrem Volk und die geladenen Gäste ein: der Zwergenkönig Spitzbart mit seinem Gefolge, Gnomen und Geister von überall her und sogar das Einhorn vom Fählensee.

Dieses Mal ist auch ein ganz spezieller Gast mit dabei: die Eisfee aus dem hohen Norden, die Freundin der Königin Flickflauder. Beim Anblick der langen, durchscheinenden Gestalt in ihrem Mantel aus Nordlichtstreifen, Kristallen und Zäpfchen, die bei jeder Bewegung klirren, läuft ein wohliger Schauer über die schwitzenden Gäste.

Doch in dieser Mittsommernacht will keine Feststimmung aufkommen. Der Honigwein steht bereit, das Kräuterelixier nach dem geheimen Rezept der Königin Flickflauder perlt wie Tautropfen in den Silbermänteli-Kelchen, und trotzdem bleiben die Gäste unruhig und besorgt.

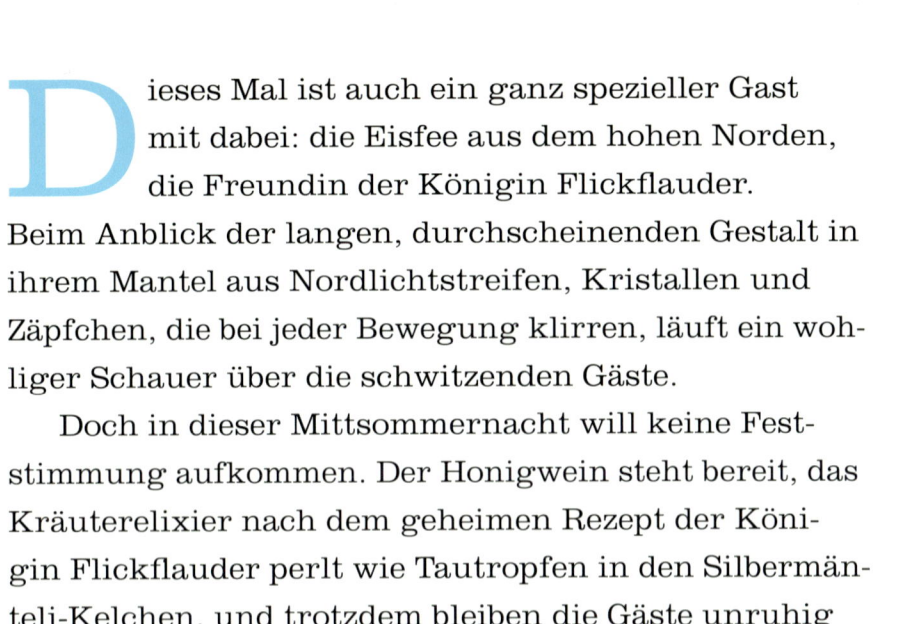

Feen und Gnome, Zwerge und andere Geister schwirren hin und her, kreuz und quer und unterhalten sich aufgeregt.
 Mitten in diesem Treiben steht die Feenkönigin Flickflauder. Ihr lichtes Kleid aus silbernen und goldenen Fäden, das von Schmetterlingen und Seidenraupen umsponnen wird wie ein Stoff aus Sternenstaub, ist heute dunkelgrau wie eine schwere Wolke. Sie schwingt sich auf einen Felsen und läutet mit ihrer Glockenblumen-Glocke. Wo sie schwebt, beginnt es wie der volle Mond zu leuchten, und über dem Moor ertönt ihre singende Stimme, leise und doch durchdringend wie der Wind, der über die trockenen Sumpfgräser streicht:

Meine lieben, lieben Feen, verehrte, verehrte Freundin aus dem hohen, hohen Norden und ihr anderen Gäste, hoch, hoch geachtetes Zwergenvolk. Noch nie, noch nie, seit wir hier mit den Menschen leben, können wir uns an eine so heisse, trockene Zeit erinnern. Oh, ich weiss, ich weiss, der Sommer ist für uns wunder-wunderbar, wir können über die Hügel tanzen, tanzen, wir können Wunder wirken, wirken, Träume von Goldgedanken spinnen, Teppiche von Silberfäden weben, Körbe voller guter Wünsche füllen, Licht und Kraft und Sonnenfunken sammeln für die kalten, dunklen Zeiten, wenn die Menschen frieren und sich Erlösung wünschen, wünschen.» Sie seufzt tief. Ihr Glanz erlischt, der Stein, auf dem sie steht, wird blau, fast schwarz. Sie wischt sich über das Gesicht und fährt fort: «Achach, und jetzt? Wer hört uns? Wann hat euch der letzte Menschenwunsch, das klitzekleinste Menschenwünschchen in den Ohren geläutet? Sie sind verstummt, kein fröhliches Werken und Summen mehr, sogar die Tiere liegen entkräftet in ihren Ställen, sie leiden, leiden bittere Not. Liebstes, liebstes Volk, verehrteste Gäste, es ist höchste, höchste Zeit, dass wir uns auf unsere Bestimmung, Bestimmung besinnen, ja besinnen und ihnen helfen. Aber wie, wie? Ihr wisst, wir haben alles getan, haben die unterirdischen Quellen im Moor beschworen, die Zwerge haben tief ins Erdreich gegraben, nichts, nichts, nichts. Achach. Es ist, als ob ein mächtiger Zauber alles blockiert. Noch nie, nie in meiner Feenzeit ist mir ein solches Unheil untergekommen, achach. Ich bitte euch, wer weiss Rat?»

Jetzt erhebt sich die Gutwetterfee in ihrem Regenbogengewand und sagt: «In der Trockenheit haben Mensch und Tier den Mut verloren. Auch ihre Traumquellen sind versiegt, aus denen Lebenskraft strömt. Wir müssen ihnen den Zugang zeigen, sonst gibt es keinen Ausweg» – ihr Regenbogen verliert alle Farben – «und sogar unser Bleiben hier ist in Gefahr.»

Ein erschrockener Aufschrei. Feen und Geister, Zwerge und Gnome reden aufgeregt alle durcheinander, bis die Eisfee mit ihrem Stab auf den Boden klopft: «Meine lieben Freundinnen und Verbündete ihr, wir wollen nicht den Kopf verlieren hier, ruhig und besonnen wollen wir des Rätsels Lösung finden, ein Wunder schier, dünkt mich ist angebracht, denn sonst, oh weh und ach…» Ihre Stimme geht im Klirren unter und eine eisige Kälte greift den Feen ans Herz. Das nützt.

Sie rücken zusammen und beginnen in Ruhe zu besprechen, was zu tun ist. Sie werden sich bald einig. Es gibt nur eins: die Hüterin der Quellen anzurufen, die geliebte und gefürchtete Herrin. Sie allein kann das Gleichgewicht herstellen zwischen Natur und Mensch, Geben und Nehmen, nass und trocken, kalt und warm, Tag und Nacht, aussen und innen. Mit ihrer Macht kann sie die Lebensquellen wieder zum Sprudeln bringen und Träume wecken. Sie kann aber auch die Wasser anschwellen lassen zu zerstörerischen Fluten. Die Feen erschaudern. Wie sie bitten, ohne ihren Unmut zu erregen? Die Eisfee beschwichtigt: «Seid ruhig, seid still, ich weiss, was sie will. Ein Geschenk von solcher Kraft, das manches grosse Wunder schafft.» Die Feenkönigin lächelt: «Wir alle, alle zusammen sind stark, stark genug, um die grosse Kraft der Hüterin der Quellen in die richtigen Bahnen zu lenken, zu lenken.»

Und so, am Ende dieser Nacht, kurz vor Sonnenaufgang bilden sie einen magischen Kreis und stimmen den Gesang an, mit dem die Königinnen der Feen seit jeher die Hüterin der Quellen anrufen. Glockenhelle Töne erklingen, wunderbare, fast vergessene alte Melodien, die sich wie ein Netz über das Land legen und allen, die sie hören, eigentümliche Empfindungen und Gänsehaut bescheren.

Plötzlich steigt in der Mitte des Feenkreises eine Nebelsäule vom Moorboden auf, darunter gluckst und sprudelt es wie von einer frischen Quelle. Da steht sie: die mächtige Hüterin der Quellen. Ihre langen fliessenden Gewänder hüllen sie ein wie die Gischtwolke eines mächtigen Wasserfalls. Ihre Stimme scheint von tief aus der Erde hervor zu rauschen und zu rollen wie ein Bergbach. «Sch-sch-sch-weerr-haatt-mii-sch-gerruufen-sch-sch, sch-sch-waas-woolltt-ihrr-voon-mirr?»

Die Feenkönigin und ihr Gefolge verbeugen sich tief. «Ehr-ehrwürdige höchste, höchste Hüterin der Quellen, ach seid, seid gegrüsst. Ihr wisst, ihr wisst, die Menschen und Tiere leiden bittere Not, ach Not. Könnt ihr, ihr ihnen den Zugang-gang zu den Quellen öffnen, ja öffnen, die ihren Durst stillen, sie beleben und ihre Träume befreien? Wir bitten, bitten euch, wir flehen euch an.» Die Hüterin neigt ihr Haupt und giesst einen Schwall frischen Wassers aus. Die Feen seufzen entzückt, ein paar vorwitzige Zwerge drängen sich vor, um einige dieser kühlen Tropfen zu erhaschen.

Das Rollen und Grollen schwillt bedrohlich an: «Waarrum-sch-sch-grrr-soll ich euch hellffen-grrrrrschsch? Ich, die ich im Verboorrgenen wiirrke. Ich, die ich seit Urrzeiten uunterr euch leebe, ich, die ich über die Menschen waache, für den Ausgleich soorge im Land grrsch, ihnen geebe, was sie brauchen, ihnen Weege und Quellen zeigee-grrrschschschsch. Sie haaben miich-sch vergeessen grsch-sch, niee-grrrr-grrrr-grschsch-niee eeiin Daank, eeiin eiinziger guuter-grrrsch Gedanke-schhhhhh, eeine Freeude füürr mich grsch. Neeeiiiinnn, grrrsch, ich grsch-sch-seehe grsch keinen Grund zu heellffen.»

Das Kleid der Feenkönigin läuft purpurn an: «Wir bitten, bitten euch darum, edelste Hüterin, dein ergebenes Volk. Wir haben dir nichts anzubieten, achach, als unsere tiefste Dankbarkeit, aber von Herzen, von Herzen.»

Jetzt tritt klirrend die Eisfee hervor. Sie verneigt sich so tief, dass ihre Eiskrone den Boden berührt: «Gute Hüterin der Quellen, lässt Bäche sprudeln, Flüsse schwellen, auch uns im hohen Norden hilfst du bei allen Sorgen, lässt im Frühling Gletscherwasser fliessen, damit die grünen Weiden spriessen, füllst unsere Fjorde, Bäche, Seen, lässt Sommerlicht kommen und Winternacht gehn. Hier ist das Land ganz aus dem Lot, Hitze und Dürre bringen Not. Stimmt des Menschen Ausgleich nicht, fehlen Mass und Gleichgewicht, dann leiden nicht nur Mensch und Tier, nein, alles Lebendige und auch wir. Oh Hüterin, ich traf dich einst, erinnere dich, jedoch dein Wunsch erfüllte sich nicht. Heute ist's gefügt, die Stunde da, ich bring dir meine Gabe dar. Erfreuen sollst du dich meines Geschenks, damit du die Lebensquellen zu uns lenkst.»

Die Eisfee schüttelt sich, es tönt und klingt wie ein Glöckchenspiel. Rund um sie herum stieben tausende und abertausende leuchtende Kristalle und kleine Lichtblitze auf. Ein Teppich wie aus Leuchtwürmchen legt sich über das Moor. Da zeigt sich
ein Lächeln auf dem Gesicht der Hüterin der Quellen. Sie lacht und schüttelt sich, sprüht glitzernde Tropfen, die sssssssäuseln wie eine sanfte Brise. Die Eisfee verbeugt sich erneut: «Sieh dieses Licht- und Farbenspiel, es soll auf all deinen Quellen blitzen, an denen sich die Menschen laben. Nie mehr vergessen sie die Gaben, die du zu ihrem Wohl ausgiesst, damit das Leben wieder fliesst. Mit den glitzernden Tropfen im Morgenlicht vergessen sie dich, Hüterin, nicht.»

In diesem Augenblick treffen die ersten Sonnenstrahlen auf das Moor, und die Dunst- und Tautropfen an den Blättern und Gräsern funkeln in allen Farben. So etwas haben weder Feen noch Menschen je gesehen auf der Welt.

Die Hüterin der Quellen klatscht in die Hände vor Entzücken: «Ohhhh, daaas-sss gefääällt mirr, lieeebe Eisssssssfee aus dem hooohen Nooorden, lieeebe Feenkööönigin-sssssss, iihrr verzaaubert mich. Ich verstehe, dass-ssss die Menschen euch liieeben. Empfaangt nun auch meein Geschenk-sss für sss-sie und euch.»

Sie streckt ihre Hände aus, und ein Strahl eisblaues Wasser ergiesst sich über das Moor und über die Königin Flickflauder. Sie fängt an, sich zu drehen und zu tanzen in einem silbernen Schleier von Faltern und Schmetterlingen – und, oh Wunder, blau schillernden Libellen! Die Hüterin der Quellen sagt feierlich: «Iich-ssssch weerrde den Zuugang zu den Queellen ööffneen-sch-sss und sss-sie werden fliiess-sssen bis-sss moorgen zur blauuen Stuunde-schsss. Siee weerden die Meenschen-sss aus iihrer Oohnmacht weecken-schsss. Daann ziiehe ich-schsch weeiiter, ich-schsch weerde an aanderen Oorten gebraauchttt-ssssschsch.»

Kaum hat die Hüterin ihr Versprechen gegeben, ist sie verschwunden.

Am Horizont taucht eine riesige Wolke auf. Sie legt sich wie eine Decke über das Land und ergiesst sich in warmen, sanften Regenströmen darüber. In kurzer Zeit verwandelt sich das Gontner Hochmoor in ein wunderbares Quellgebiet.

Die Feenkönigin Flickflauder streckt ihre Hand aus, auf der die Höchstgeborene der Libellen thront, haucht sie an, und die Libellen schwärmen aus, um Menschen und Tieren die frohe Botschaft zu bringen.

An diesem Tag hören und sehen die Menschen etwas flirren und flimmern und heben zum ersten Mal seit Monaten ihre schweren Köpfe. Es sind Scharen von Libellen, die allen Frauen und Männern, Kindern und Tieren, die Augen zum Sehen und Ohren zum Hören haben, von den Wundern im Gontner Hochmoor berichten. Die Libellen raunen und flüstern, schlagen mit ihren zarten Flügeln und zeigen allen Lebewesen den Weg zum Ursprung, zu den Quellen des Lebens, der Wünsche und der Träume. Ein grosses Aufatmen kommt über das Land.

So konnte damals das Feenvolk unter der weisen Führung ihrer Königin Flickflauder und mit Hilfe unserer gemeinsamen Freundin Eisfee helfen, eine grosse Not abzuwenden und Wünsche zu erfüllen. Seither fliessen die Quellen im Überfluss und sind nie mehr versiegt. Sie laben Menschen und Tiere und verleihen uns Mut und Kraft, unsere Träume zu verwirklichen. Das Glitzern der Tautropfen im Sonnenlicht erinnert uns immer an das Geschenk der Eisfee und die Existenz der Hüterin der Quellen.

Wenn dir also eine blau schimmernde Libelle begegnet, dann bitte sie, der Hüterin der Quellen einen herzlichen Gruss auszurichten – wir werden sie nie mehr vergessen!

Gabriela Manser, *1962, (links im Bild) ist Geschäftsleiterin und VR-Präsidentin der Goba AG, Mineralquelle und Manufaktur, in Gontenbad AI. Die Passion für das Erfinden von Märchen und Geschichten klingt auch in der Goba-Getränkewelt an, wo ihr als kreative Unternehmerin Flauder, iisfee und vieles weitere erfolgreich gelingt.

Sonja Hugentobler, *1961, arbeitet als selbständige Malerin im Palais Bleu in Trogen AR. In ihrem gestalterischen Werk bewegt sich die ausgebildete Kindergärtnerin und Kunsttherapeutin in verschiedenen Formaten und Dimensionen; architektonische Räume verwandelt sie in eine zauberhafte Welt oder einen wundersamen Kosmos.

© 2013, Appenzeller Verlag, CH-9101 Herisau
Alle Rechte der Verbreitung, auch durch Film, Radio und Fernsehen, fotomechanische Wiedergabe, Tonträger, elektronische Datenträger und auszugsweisen Nachdruck, sind vorbehalten.

Märchen: Gabriela Manser
Bilder: Sonja Hugentobler
Lektorat: Monika Slamanig
Gestaltung: Appenzeller Verlag, Herisau
Gesetzt in ITC Clarendon
Gedruckt auf Tatami natural FSC 150 g/m^2
Lithos und Druck: Appenzeller Druckerei, Herisau
ISBN: 978-3-85882-673-2
www.appenzellerverlag.ch